MW01205657

Juliette ®

196 Pages

Format 21,59x 27,94cm (8,5 x 11 po)

GRANDS CARREAUX

Cahier broché

Juliette®

196 pages / 21,59x 27,94cm (8,5 x 11 po)
GRANDS CARREAUX
Cahier broché
wwww.Juliette-nbook.com

Made in the USA
Las Vegas, NV
29 December 2023

83689100R00109